INFORMÁTICA ELEMENTAL

Alicia Cofres

Los turistas son caprichosos. Aquella adorable pareja a punto de jubilarse que acudía todos los veranos canceló su reserva y no fue la única. Más de diez habitaciones quedaron libres en temporada alta por decisiones de última hora.

Al gerente le caían gotas de sudor frío cuando subía al despacho del regente para informarle de esas cancelaciones. No se atrevía a avisarle por teléfono porque sabía que el regente se enfurecería. Tenía que ser cara a cara y aun así su reacción no sería nada pacífica.

El regente era el mayor de cuatro hermanos, los Mendoza, los propietarios del hotel. Era quien llevaba las riendas del negocio. Los demás se limitaban a recibir su parte sin implicarse en el negocio. No movían ni un dedo por el hotel y a pesar de que sus relaciones no eran ni de lejos las de una familia idílica ninguno de ellos se opuso a que el regente se llevara una parte mayor del pastel por su trabajo. El señor Mendoza, Ricardo Mendoza, controlaba el hotel con mano de hierro. Sus hermanos sólo contactaban con él cuando les decepcionaba la transferencia que les hacía en sus cuentas bancarias una vez al trimestre con su parte de beneficios, si es que los había.

Sus hermanos no tenían interés ni tampoco la más mínima experiencia en los negocios para llevar un hotel de cuatro estrellas un hotel en Adelaida, un pueblecito costero de apenas cien habitantes famoso por sus platos de marisco. Tres varones y una hembra. Davinia, la más pequeña, dejó de estudiar en cuanto acabó la enseñanza básica. No era tonta, incluso tenía bastante habilidad con el cálculo, pero no se esforzaba. Los ingresos del hotel le permitían llevar el tren de vida modesto con el que era feliz en el Gran Valle, una ciudad de diez millones de habitantes donde a nadie le importaba que una mujer al borde de los cuarenta años viviera de las rentas en un apartamento con una televisión gigante en la que devoraba películas de cine clásico acompañada por un galgo que se pasaba la mayor parte del tiempo durmiendo en el hall. Davinia sólo salía una vez al día, al amanecer, para sacar a pasearlo. El resto del tiempo lo pasaba dentro de su hogar, donde se encontraba a gusto.

El otro hermano, Rafael, tres años mayor, era el más reservado de todos. Ni siquiera el regente estaba al tanto de su vida. Era el único de los hermanos que nunca se había quejado por las transferencias bancarias, ni siquiera el semestre en el que el hotel dio pérdidas. Era todo un misterio qué vida llevaba. Si tenía pareja o estaba casado, a qué se dedicaba. Ni siquiera enviaba felicitaciones por Navidad, pero sabían por medio de terceros que estaba bien. Tomás, cinco años mayor, se había casado con una rusa muy conservadora con la que había tenido cinco hijos con los que vivía en una mansión cerca de los Alpes. Era el más acomodado de todos.

El regente sintió un enorme alivio cuando nació el primero de los sobrinos porque garantizaba algún descendiente. A sus cincuenta años ya había dado por imposible tener hijos y, con la excepción de Rafael, todo un misterio, daba por sentado que sería el único que no moriría sin descendencia. Los Mendoza, después de todo, no se extinguirían.

Era el orgulloso propietario de un hotel, vestía con elegantes trajes y gozaba de una espléndida situación financiera, pero nunca atrajo al sexo opuesto. En una cena de Navidad Davinia, con la lengua suelta por tres copas de vino de Sicilia, le dijo a la cara antes de los postres que era muy feo. Entonces le dolió pero con el paso del tiempo entendió que eso explicaba que fuese un solterón sin remedio.

El hotel, un palacete, se situaba en un lugar apartado rodeado de setos y contaba con un camino privado que conducía directamente hacia la playa. Su arquitectura desentonaba completamente con el resto de las casas del pueblo. Imitaba el estilo de las casas holandesas. Parecía antiguo, pero apenas se había levantado treinta años antes. Los habitantes del pueblo apenas se acercaban a sus instalaciones. Todos los empleados eran forasteros que vivían dentro del hotel como un incentivo en su sueldo. En la actualidad tenía cuatro estrellas, pero no siempre había sido así. Subió de categoría cuando el regente invirtió en una reforma que lo transformó por completo. Puertas de roble, cuartos de baño con acabados de mármol y una piscina climatizada en el ático que encantaba a los alemanes.

El despacho del regente se ubicaba justo debajo de esa piscina. Al regente no le gustaba la ostentación, pero sabía que en los negocios era importante jugar con las apariencias y lo decoró con los muebles más caros encargados a una tienda italiana de la capital. Su mesa, también de roble macizo, a juego con las puertas, estaba frente a las puertas que daban hacia un balcón adornado con flores.

El recepcionista estaba tan nervioso que abrió la puerta sin llamar antes.

Por fortuna, en ese momento el regente estaba sólo y no interrumpió ninguna reunión. De todas formas, al regente le agradaba la franqueza y le molestaba el exceso de cortesía. En su hotel estaba prohibido hablar de usted a los huéspedes. Siempre de tú, para que se sintieran como en casa. Por eso ni siquiera reparó en el que el recepcionista había irrumpido en su despacho sin llamar a la puerta. Nada más verlo le pidió que se sentase, pero el recepcionista prefirió darle el mensaje en pie, sin rodeos.

- Acaban de cancelar diez reservas, le informó con una voz entrecortada.

Sin decir ni una sola palabra el regente se volvió y miró hacia el balcón. Afuera hacía un día formidable, brillaba el sol y no divisaba ni una sola nube en el cielo.

- - -

Llegaba tarde al trabajo. Se levantó tarde y salió de casi sin arreglar. Mientras el semáforo estaba en rojo sacó el carmín de su bolso y se pintó los labios reflejándose en el retrovisor. Un tono rojo discreto para no llamar demasiado la atención, en especial a los babosos de la planta de contabilidad que le miraban con descaro cuando pasaban a entregar los informes trimestrales. El disco aún no se ponía en verde y se arriesgó a sacar también colorote para arreglar el resultado.

De pronto escuchó un claxon por detrás y después otro y otro más. Toda una sinfonía. Una fila enorme de vehículos por detrás impacientes porque después de más de dos minutos el semáforo aún no se había puesto en verde. Ella también tenía prisa y pulsó el claxon.

Irracional. ¿A quién pitaban? -pensó.

Ningún vehículo bloqueaba el paso, que estaba despejado, pero el semáforo no se cambiaba. Imposible ya que llegara a tiempo. Sacó el móvil del bolso y envió un mensaje de disculpa a su supervisor.

Cinco minutos después el semáforo seguía atascado.

Pasaron diez minutos hasta que apareció un policía municipal y dio permiso a una monumental fila de coches para que avanzara. La red de semáforos se había descoordinado.

- - -

Algún truco recordaba el regente de sus viejos tiempos, antes de que pasara a gestionar el hotel, cuando era tan solo un mocoso de veintitantos años ejerciendo de abogado poco después de licenciarse en Derecho con ganas de comerse el mundo. Muy pronto se dio cuenta de que se había hecho demasiadas ilusiones y que en realidad no valía para el oficio, pero durante tres años, antes de sufrir el desengaño definitivo que le obligó a cerrar su despacho, en la cuarta planta de un rascacielos, aprendió unos cuantos trucos y uno que iba a poner en práctica.

El recepcionista estaba desconcertado. Creía que el regente en cuanto se enterase de las cancelaciones en el último momento se dejaría llevar por uno de sus habituales raptos de ira. Esperaba que descargara esa ira arrojando algún objeto de su despacho o rompiendo las cortinas, pero no hizo nada de eso. Fue como si ya se esperase esas cancelaciones.

- ¿Puedo confiar en ti? -le preguntó el regente.

Era una pregunta retórica. Gracias al regente el recepcionista había logrado un permiso de trabajo y lograba el dinero suficiente para enviárselo a su familia en Sudamérica. De no ser por el regente estaría posiblemente muerto o explotado en un restaurante fregando platos quince horas al día.

El regente no estaba improvisando. Sabía paso a paso qué iba a hacer con su ayuda.

- Vete al almacén y trae dos monos de trabajo, los más sucios que encuentres – le ordenó.

El recepcionista obedeció y bajó inmediatamente al almacén.

- - -

Un equipo de peritos de la compañía aseguradora acudió a toda velocidad en una furgoneta al lugar del siniestro, tres ingenieros de estructuras muy veteranos, que debían elaborar un informe sobre el terreno. Tan solo se trataba de un informe preliminar. No era decisivo, pero sí muy influyente en la decisión de si el seguro cubriría con los gastos de reparación y la indemnización.

La policía y los bomberos se habían adelantado y cuando llegaron vieron en la autovía un cordón que impedía el paso a pocos metros del viaducto que atravesaba a continuación y que acababa de derrumbarse en las pruebas de resistencia.

El chófer detuvo la furgoneta y se apearon los tres ingenieros. Uno de ellos mostró su credencial al policía que vigilaba el cordón para que les permitiera pasar y ver más de cerca la estructura.

- ¿Hay víctimas? -preguntó.

- Nadie ha resultado herido. Todos a salvo.

Al ingeniero no le asombró. Que se derrumbara el viaducto era una posibilidad que se había previsto. Una entre veinticinco millones, pero existía esa posibilidad. Improbable, pero posible y acababa de suceder y lo estaban viendo. En su tramo central el viaducto, que se alzaba a más de treinta metros de altura sobre un valle, estaba destruido.

El policía levantó el cordón de plástico que atravesaba la autovía y les permitió pasar. Al otro lado, uno de los ingenieros sacó de su maletín un aparato del tamaño esférico del tamaño de una pelota de tenis. Lo abrió en dos y lo enfocó hacia el viaducto.

- ¿Qué es ese cacharro? -preguntó curioso el policía.

- Una pelota mágica -bromeó el ingeniero- Es un medidor láser.

El policía se fijó en aquella esfera con una pantalla que indicaba 29,938. Era la distancia que les separaba hasta el tramo que se había colapsado, derrumbándose con más de cien toneladas de hormigón que se habían puesto encima para comprobar su resistencia. Un test que no había superado.

Para poner a prueba la resistencia del viaducto se colocaron a su largo unos depósitos de acero cargados de hormigón izados mediante unas grúas. Como existía esa remota posibilidad de que la estructura no soportase la carga se tomaron medidas de seguridad para evitar que se acercasen personas o vehículos en un radio de 50 metros a su alrededor. El momento en el que el viaducto se derrumbó incluso fue captado por unas cámaras instaladas que grabaron con absoluta nitidez como en torno a las 8:30 de la mañana esa estructura se vino abajo como un castillo de naipes.

Ahora todos esos depósitos estaban destrozados, rodeado de los escombros del viaducto desde el que se precipitaron con gran violencia.

El volvió a cerrar su "pelota mágica" con la que tomó medidas y se encaminó junto con el resto de peritos hacia el fondo donde se encontraban esos escombros. Allí volvió a abrirla para tomar nuevas medidas sobre el terreno. Uno de esos peritos llevaba un ordenador portátil al que se retransmitieron en tiempo real esos datos de la medición. Cuando ya había tomado todas las medidas que necesitaba los peritos buscaron un lugar de sombra donde el sol no diese reflejo en la pantalla del monitor donde se procesaban las medidas.

Los peritos no daban crédito al resultado:

- ¡Una desviación del 234 por ciento! -exclamó uno de ellos, que no se creía que el dato fuese cierto y pulsó F5 para que el ordenador portátil volviera a procesar los datos y de nuevo arrojó el mismo resultado: un 234 por ciento.

El ingeniero que agarraba la "pelota mágica" con su mano derecha como si fuese a lanzarla en un partido de béisbol se caracterizaba siempre por su ironía.

- ¿Quién diablos ha diseñado este viaducto? -se preguntó- ¿Hizo los cálculos de cabeza sin usar calculadora?

Sus compañeros no le rieron la gracia. Su informe supondría un quebradero de cabeza para la compañía aseguradora. La indemnización por los daños ascendería a millones. Nunca habían visto nada igual en toda su carrera, un error de cálculo así ni en su primer año en la Universidad.

- - -

Había que ser muy observador para darse cuenta de que en una colina entre árboles eucaliptos se encontraba una pequeña caseta rodeada por una alambrada porque pasaba desapercibida, camuflada entre la vegetación, pero el regente lo era y sabía que esa caseta no era una chabola, aunque pudiera confundirse con una. En su interior no vivía nadie.

Hasta entonces no se había acercado nunca. La reconoció a kilómetros de distancia gracias a unos prismáticos que le permitieron observar que esa caseta estaba vigilada por una cámara de seguridad.

A las cuatro de la madrugada en una noche muy oscura el regente y el recepcionista, al volante, salieron del hotel por la puerta del garaje a bordo de un todo terreno negro con los cristales tintados. El recepcionista no sabía a dónde se dirigían y se limitaba a obedecer las indicaciones que le daba el regente, hasta que le ordenó internarse en un bosque, donde estacionó cerca de unos arbustos que impedían verlo desde la carretera.

Se apearon del todoterreno y el recepcionista sacó del maletero una bolsa donde contenía todo lo que le había encargado llevar. Unos monos azules que se enfundaron ahí mismo, un cortafríos y una maza muy pesada de casi veinte kilos.

Esos monos azules casi eran el uniforme de la localidad. Casi todos sus habitantes tenían uno: el fontanero, los carpinteros, las cuadrillas de obra, los operarios de electricidad, hasta incluso los más ancianos guardaban uno en sus casas.

El regente volvió a entrar al todoterreno y sacó de la guantera una bolsas de basura negras que había preparado en su despacho con todo detalle.

- Póntelas, una en la cabeza y otra en los pies -mandó al recepcionista.

El regente hizo lo mismo y se enfundó en la cabeza una bolsa, en la que había practicado unos orificios a modo de pasamontañas, y en los pies otras para tapar sus botas de montaña. El recepcionista lo imitó y también cubrió sus zapatillas deportivas. Calzaba unas caras deportivas de color fosforito, demasiado delator.

El paraje estaba desierto. Así camuflados ascendieron por la colina hasta llegar a la caseta. Ahí el regente le señaló con el dedo la cámara de vigilancia que les estaba grabando. No le asustó. Daba por sentado que los grabarían. Entonces se agachó, agarró la piedra más grande que tenía a su alcance y la lanzó hacia la cámara. Al primer tiro lo falló. Al segundo le dio de lleno, pero no lo suficiente como para que se desprendiera del mástil al que iba sujeta. El recepcionista le imitó y con mucha mejor puntería logró derribar la cámara.

Cuando la policía revisara las grabaciones verían a un par de hombres con mono, con la cabeza y los pies cubiertos, arrojando piedra a la cámara hasta que dejara de grabar.

Al ejercer de abogado, el regente aprendió que uno de los indicios más delatores en un asalto era la ropa. El más mínimo detalle, por pequeño que fuese, servía de ayuda a la policía para identificar a los culpables, como un hilo del que tirar para esclarecer los hechos en la investigación. Para romper ese hilo y despistar a la policía eligió los monos que llevaban puestos, una prenda que podría llevar cualquiera. Las zapatillas deportivas del recepcionista hubieran permitido dar con su pista en unas pocas horas. Por eso se encargó de que llevasen los pies cubiertos con las bolsas de basura.

Una vez desactivada la cámara, el recepcionista sacó el cortafríos y abrió un boquete en la alambrada que rodeaba la caseta por el que accedieron. Ya adentro, el regente le pidió la maza y descargó con ella toda su rabia para reventar la puerta de entrada.

Esa caseta no era una caseta. Adentro albergaba un valioso material de última tecnología que él mismo se encargó de destrozar con la maza.

Cuando regresaron de camino al hotel sintió una gran satisfacción. Adentro se quitaron las bolsas de basura y respiraron con alivio.

- - -

Cintia, con una cintura de avispa y un abdomen esculpido en el gimnasio, una frondosa melena rubia y unos ojos azules hipnóticos, no sabía leer un mapa de isobaras ni tenía la más mínima noción sobre meteorología, pero la contrataron para presentar el tiempo en el programa de máxima audiencia de la televisión.

Se ponía delante de una pantalla verde, un chroma, en el que para los espectadores se proyectaría un mapa de todo el país y se limitaba a leer el texto que aparecía en una pantalla que tenía delante en letras extragrandes. Como le costaba leer los técnicos tuvieron que ajustaron para que el texto circulase a menos velocidad de la habitual con otros presentadores.

Cualquiera diría que Cintia era tonta y ella explotaba esa fama para sacar partido. Quienes la tomaban por tonta ignoraban que gozaba de un cociente intelectual muy superior a la media, aunque escondía que era superdotada por pudor.

Esa entrañable pareja de alemanes estaba en su salón, viendo por la tele a Cintia, cuando anunció una lluvia intensa en el hotel de cuatro estrellas donde habían reservado una habitación. Nada más verla decidieron telefonear a la recepción para cancelar su reserva. La lluvia iba a echar a perder su plan de pasar unos días agradables de sol, dando largos paseos y bronceándose en la playa. El recepcionista se notaba contrariado cuando atendió la llamada.

Cintia sólo era la imagen de la cadena de televisión. Su presencia magnética traspasaba la pantalla y las cámaras la querían, es más, estaban enamorada de ellas. Siendo guapa, la captaban y la retransmitían favoreciéndola todavía más.

Ella no sabía nada de meteorología. El experto que redactaba los textos que leía en pantalla por el tele prompter era Sebastián Crucero, Crucerito, como le llamaban cariñosamente en el plató de televisión, un hombre de cincuenta años que había dedicado más de la mitad de su vida a estudiar a fondo la física. Dos máster y un doctorado avalaban su profundo conocimiento en la materia. Prestigiosas universidades habían intentado contratarlo para que impartiera docencia en sus aulas, pero ofrecían mucho menos dinero que la cadena de televisión para la que la trabajaba. En una semana ganaba más que en un cuatrimestre en la Universidad. Adoraba la Física, pero también llevar un tren de vida con buenos restaurantes y ordenadores último modelo que como profesor no podría permitirse.

Su amor platónico era Cintia. Nunca en su vida había visto una mujer tan atractiva como ella y pasaban mucho tiempo juntos. Se veían a diario, desayunaban juntos, pero nunca jamás se había atrevido a pedirle salir. Ella era treinta años más joven y le parecía una causa perdida. No estaba dispuesto a hacer el ridículo. Se limitaba a fantasear con ella, nada más.

Admiradores no le faltaban. Cada semana recibía ramos de flores y de cartas de otros hombres con menos sentido del ridículo que él declarándole su amor. A Sebastián esas demostraciones de amor le daban vergüenza ajena y le disuadían todavía más de atreverse a pedirle una cita.

Por eso vivió el mejor día de su vida cuando en uno de esos desayunos rutinarios, mientras preparaban el parte del tiempo, Cintia le invitó a ir al cine. Sebastián, inconscientemente, calculó las probabilidades de que una mujer tan hermosa como ella le pidiera salir. Concluyó que era tan remoto mientras balbuceaba. La petición le sorprendió por completo y estaba desprevenido. Cintia se rio y dio por hecho que aceptaba, fijando que quedarían ese mismo día a las diez de la noche y que ya en el cine decidirían que película iban a ver. Sebastián no acababa de creérselo. Es como si hubiese burlado las leyes de la atracción. De la atracción entre un hombre y una mujer (bromeó para sí mismo).

- - -

En el edificio más grande del campus no se impartía ninguna clase, una cúpula gigantesca de hormigón y acero que muchos confundían con el observatorio de la Universidad, pero en su interior no albergaba ningún telescopio, sino un superordenador valorado en billones.

El Rector, que llevaba más de treinta años en el puesto, se jugó su carrera al invertir casi la mitad del presupuesto de un año en construirlo y equiparlo, pero el tiempo le había dado la razón. Los primeros años entró en pérdidas, pero una vez amortizada la inversión esta estructura empezó a generar unos beneficios millonarios porque el super ordenador no se utilizaba en exclusiva por la Universidad. Su gigantesca capacidad de computación se alquilaba y eran muchos los interesados en contratarla.

No era el ordenador más potente del mundo, pero sin

duda estaba entre los diez primeros. Un laboratorio chino había diseñado toda su circuitería y procesador en exclusiva y funcionaba con un software programado a medida encriptado con las máximas garantías de seguridad.

Las autoridades del país conocían el valor estratégico de estas instalaciones y colaboraban con la universidad para protegerlas. Día y noche estaba vigilado por militares armados hasta los dientes. Nadie podía acceder a su interior sin pasar un riguroso examen biométrico de retina y huellas dactilares además de reconocimiento facial.

Los estudiantes tenían prohibido el acceso. Sólo se permitía el acceso al personal autorizado y a los clientes que pagaban la cuantiosa tarifa por alquilar sus capacidades de computación, nadie más. Numerosos estudiantes de doctorado solicitaban acceder para elaborar una tesis, pero sus peticiones eran denegadas sin piedad: acceso denegado.

El alcalde de la ciudad si quisiera podría gozar del privilegio de pasar al interior porque el municipio invertía cada año millones en alquilar el uso del super ordenador de la universidad, pero no tenía el más mínimo interés en conocer esa máquina. Al alcalde la tecnología no le había interesado. Cerca de sus sesenta años todavía usaba máquina de escribir y en su casa no había ninguna computadora, pero no estaba dispuesto a renunciar a las ventajas de esa tecnología, en especial si le ayudaba a obtener votos para mantenerse en el cargo.

Muy metódico, desde el principio de la crisis el alcalde tenía claro los pasos que iba a dar para atajarla. La primera fue ordenar a su secretaria que concertara una cita lo antes posible con el Rector de la Universidad. En cuanto tuvo día y hora se plantó en su despacho del Rector para mantener una conversación hombre a hombre.

Ambos eran veteranos en sus cargos, dos hombres curtidos con una larga experiencia. Ambos incluso se parecían físicamente debido a su barba cana, una de esas barbas que transmite una sensación ancestral de sabiduría.

- ¿Qué diablos está pasando? Los semáforos no funcionan desde hace días. Todos los policías están desplegados para controlar el tráfico y no hacen otra cosa. -lamentó el alcalde.

El Rector había sufrido en persona uno de los monumentales atascos que se originó cuando los semáforos empezaron a fallar y tardó más de cinco horas en llegar a su domicilio a poco menos de tres kilómetros del campus, pero no tenía una respuesta. Ni siquiera él sabía lo que estaba ocurriendo.

- Lo estamos investigando -contestó el Rector abatido.

El alcalde entonces le dirigió una mirada desafiante que sólo se aprende después de haberse enfrentado muchas veces a una situación desesperada.

- No juegues conmigo. Si no lo solucionas me encargaré personalmente de retirar la licencia a ese trasto y clausurarlo.

El Rector sabía que no era un farol y que el alcalde era capaz de cumplir con su amenaza. La Universidad facturaba millones por cada día de facturación. Una sola semana de cierre la llevaría a la ruina.

- O los semáforos vuelven a funcionar o te aseguro que lo cerraré para siempre.

En cuanto el alcalde se marchó de su despacho, el Rector se dirigió andando hacia las instalaciones del superordenador. Sus ojos, sus huellas dactilares y su rostro estaban fichados por el sistema y se le permitió acceder después de pasar todos los controles de seguridad.

- - -

Los admiradores que no se casaban de enviar flores y bombones a Cintia le parecían inofensivos, aunque cuando salía a la calle tomaba alguna precaución para pasar desapercibida en la medida de lo posible, nada exagerado, medidas como ponerse unas gafas de sol más grandes de lo normal o una gorra deportiva que con su visera ensombreciera su cara. Aun así, solían reconocerla y la paraban a saludar. Uno de esos admiradores más lanzados la invitó a cenar. Como era un desconocido no temía romperle el corazón y rechazó su invitación de forma tajante sin perder la sonrisa. Eso no le quitaba el sueño, formaba parte de su trabajo e incluso le motivaba a continuar. Ser un rostro conocido le subía la moral.

Pero lo que empezó a ponerle nerviosa era lo que le estaba pasando últimamente. Los admiradores de siempre seguían ahí, pero ahora también le paraba por la calle un tipo diferente de espectador.

Una tarde salía del gimnasio después de hacer su tabla habitual de cardio y pesas. Pedaleaba en la bicicleta elíptica hasta que rompía a sudar y después pasaba a las máquinas para levantar un peso cada vez mayor bajo la atenta mirada de su entrenador personal, un militar retirado que eligió personalmente, descartando a los demás que le habían ofrecido sus servicios, porque la miraba diferente. El militar la miraba con una fría atención, corrigiendo su postura, mientras que el resto les dirigía una mirada húmeda, lujuriosa, que no le parecía nada profesional y le hacía sentir muy incómoda.

El gimnasio ocupaba un bajo acristalado en una zona comercial muy transitada. Ella salía con su ropa deportiva, hidratándose con su bidón de bebida isotónica, cuando una señora de avanzada edad con un adorable aspecto de abuela se acercó a ella ofreciéndole un paraguas:

- Toma, hermosa, te lo regalo que a mí no me hace falta.

Esa apariencia de abuela entrañable sólo era una fachada. Cintia se dio cuenta de que se estaba burlando de ella.

Hacía un sol esplendoroso y el cielo estaba completamente despejado. Se fijó en sus ojos y vio en ellos una malicia casi diabólica.

Cintia fingió no entender y siguió su camino, dando esquinazo a aquella anciana, aunque por detrás escuchó su carcajada.

Pocos días después entre las cartas habituales de los admiradores llegó a los estudios de televisión un gran paquete de cartón. La televisión no tenía un escáner para examinar la correspondencia que llegaba. El paquete desde luego tenía un aspecto muy sospechoso. Lo dejaron depositado sobre su mesa en la redacción. No descartó que pudiera tratarse de una bomba.

Un ataque a un rostro conocido como ella resultaría bastante impactante. Pero la curiosidad venció al temor y se decidió a abrirlo. Agarró un cúter que tenía en un bote sobre la mesa y desgarró la cinta americana con la que cuidadosamente habían sellado el paquete.

El interior estaba protegido con plástico de burbujas. A ella le encantaba de niña ese plástico y podría pasarse un cuarto de hora entero haciéndolas estallar. Al apartar ese envoltorio descubrió que lo que le habían enviado era un paraguas. Estaba claro que eran indirectas. Esto pasó poco antes de la primera cita con Sebastián. Tenía claro que cuando salieran del cine no hablaría de la película. Ya había decidido cuál sería la conversación. Ese ego que subían las cartas de los admiradores estaba bajando. Ya no tenía la autoestima alta.

- - -

Los ecologistas eran demasiado ingenuos. Habían acampado en la Universidad para protestar por el elevado consumo de carne en la cafetería, indignados por las vacas que pasaban por el matadero para satisfacer esa demanda. Uno de ellos arrojó un bote de pintura a las mesas para simbolizar el sacrificio. También destrozaron con hachas varias fotocopiadoras de las facultades para impedir el consumo de papel que devoraba los árboles y bloquearon con silicona y cadenas el acceso a las piscinas en contra del derroche de agua que para ellos suponía. Pero nunca, nunca jamás, habían protestado contra el super ordenador que funcionaba las 24 horas todos los días del año.

Gracias a las maniobras del Rector los comités ecologistas no llegaron a conocer los informes técnicos internos que midieron el consumo energético de estas instalaciones. El super ordenador era el edificio que más energía consumía de toda la Universidad y con mucha diferencia. Es más, el superordenador consumía más del doble que el resto de instalaciones del campus todas juntas. Tanto energía eléctrica como nuclear, aunque esto era un secreto que sólo sabían el Rector y los servicios de inteligencia del país.

Los ingenieros construyeron un edificio en cuyo interior se mantenía estable en todo momento un auténtico microclima propicio para el super ordenador. Generaban el ambiente perfecto para que el super ordenador funcionase al máximo rendimiento sin recalentarse. Mantener la refrigeración del complejo era uno de los objetivos principales del equipo de especialistas que lo diseñó. Afuera podría estar radiando un sol implacable que hiciese arder el asfalto o podría estar nevando, pero en su interior siempre estaba a 2 dos grados centígrados. El uniforme para el personal también estaba pensado para abrigarlo. Ese uniforme les hacía parecer submarinistas, fabricado en un tejido similar al neopreno. Les cubría el cuerpo de pies a cabeza.

Los pelos, un simple pelo que se colara en los circuitos podría desencadenar un incidente y se intentaba evitar a toda costa. Sin excepciones, el Rector tuvo que enfundarse uno para acceder a su interior.

Aunque el uniforme tapase la cara su lenguaje corporal evidenciaba que estaba furioso y exigió a los ingenieros una solución inmediata.

El super ordenador, el orgullo de la Universidad, su complejo más valioso, estaba fallando.

- - -

La raza llama. No es posible desentenderse de seres humanos por los que corre la misma sangre que la tuya. El regente lo tenía muy claro y por eso contrató a un detective para averiguar si su hermano Rafael, del que nada sabían, estaba bien y qué había sido de su vida.

A Rafael no le importaba nada. Nunca llamó, el regente no conocía siquiera su número de cuenta bancaria para transferirle la cuantiosa cantidad de dinero que le correspondía como copropietario del hotel. Es como si la Tierra se lo hubiese tragado. No llamaba, no escribía. No tenía contacto con ninguno de sus hermanos.

Contratar un detective no es nada barato, pero el regente no escatimó en gastos. Sin contárselo a sus hermanos contrató un despacho de detectives. Le costó unos cuantos miles, pero no lo considero un gasto, sino una inversión.

Pocos días después recibió por correo electrónico un informe del detective en el que le confirmaba que su hermano seguía vivo. Se disipaban sus peores temores. Su hermano no estaba muerto. Seguía respirando.

El regente firmó en el contrato una "reserva".

Es difícil de explicar. El regente quería saber que su hermano estaba vivo, pero tampoco quería conocer demasiados detalles sobre su intimidad. Si en realidad estaba vivo no le haría gracia que se desvelase su nueva vida. El regente guardaba el máximo respeto hacia su hermano.

Un día corriente, sin más, recibió un correo electrónico en el que uno de los detectives que había contratado le remitió una foto de espaldas cruzando un paso de cebra como prueba de vida. Rafael estaba vivo.

El regente estaba haciendo un esfuerzo. Su curiosidad iba mucho más allá a saber si su hermano estaba vivo, pero hizo un esfuerzo. El contrato estipulaba que el detective se limitaría a obtener una prueba de vida, nada más.

Recibir aquel correo electrónico le alivió. Su hermano seguía vivo y estaba vivo. Ignoraba a qué se dedicaba, cómo era su vida, pero estaba vivo y eso bastaba. El detective al que había contratado no podía indagar más allá de esos límites que se habían impuesto.

Sea como fuese, si algún día Rafael decidía darle personalmente señales de vida le transferiría inmediatamente una cuantiosa cantidad en concepto de beneficios como copropietario del hotel.

El regente comunicó la noticia a sus hermanos, que no parecían tan interesados por la suerte de Rafael. Parecía que lo único que les interesaba era percibir su aportación en los beneficios del hotel, como si lo demás no importase, pero el regente presumía de tener valores. La sangre era importante, vaya que sí lo era.

La foto de prueba de vida demostraba en efecto que Rafael no estaba muerto. El detective respetó escrupulosamente los términos del contrato. No desvelaba dónde lo había localizado, ni a qué se dedicaba. Su misión consistía simple y llanamente en aportar una prueba de que estaba vivo y cumplió. Captó una fotografía de Rafael cruzando un paso de cebra en una ciudad desconocía. Vestía una camiseta informal, impropia de su edad, según juzgo el regente. Con eso bastaba, no necesitaba más, nada más saber que estaba vivo y bien, con eso era suficiente. Algún día quizá cambiaría de opinión y volvería a retomar el contacto. La sangre siempre llama o al menos eso pensaba el regente, aunque a los demás hermanos lo único que parecía importarles era su transferencia de beneficios, si es que los había.

Muchas veces el Regente sentía la tentación de echar una bronca a sus hermanos. Reprocharles su desinterés por la marcha del negocio. En realidad, les daba igual como fuese el hotel. Las cancelaciones no les quitaba el sueño ni tampoco el coste del personal. Ellos vivían en una burbuja de comodidad. Sus hermanos eran rentistas que vivían del esfuerzo de la familia. Sin preocupaciones, sólo ir al banco cada unas cuantas semanas para averiguar cuánto dinero había ingresado en su cuenta corriente. El regente empezaba a estar cansado de eso. Deseaba dar un toque de atención a sus hermanos, salvo a Rafael, con quien le bastaba saber que estaba vivo. Si no fuese por él la familia carecería de ingresos. El hotel habría cerrado para siempre y más ahora, con todos los pronósticos que disuadían a los clientes o provocaban cancelaciones de última hora.

Sentía cómo si todo dependiese de él, como si fuese la pieza insustituible de un reloj sin el que sería imposible que diese la hora y estaba cansado. Además, lo de los pronósticos le había hundido la moral. Arrasar con una maza todo lo que encontró dentro de esa horrible caseta fue una pequeña compensación para todo lo que estaba sufriendo. Antes todo seguía su orden. Los mapas tenían un sentido. Un sol era sol, una nube con lluvia era lo que era, pero daba la impresión de que el mundo ya no funcionaba como estaba acostumbrado.

- - -

Todavía no acababa de creerse del todo que estuviera saliendo con Cintia. Ni siquiera había soñado alguna vez salir con una chica así de atractiva, toda una preciosidad, por lo que cuando acabó la película y salieron del cine todavía arrastraba encima una incómoda sensación de irrealidad.

Elegir película fue fácil porque coincidían bastante en gustos. Entre las cinco que estaban en cartelera ambos señalaron a la vez con el dedo la misma: "Guardianes de la Riqueza", un thriller de ciencia ficción sobre una guerra del futuro en la que unos revolucionarios intentan impedir que el dinero físico sea sustituido para siempre por el digital. Muchos efectos especiales, explosiones y peleas en medio de un argumento que daba que pensar.

Cuando salieron del cine Crucerito pensaba comentarle aquella escena en la que descubre que la intensa niebla negra que envuelve a los personajes durante casi toda la película es en realidad humo negro causado por una incineradora que quema billetes día y noche. Millones y millones en llamas reducidos a cenizas, eso le impresionó.

Estaba empezando a llover, pero ninguno de ellos había llevado paraguas.

- Esto no es un margen de error. Es un error. -dijo Cintia, cambiando de tema con brusquedad.

Oír eso después de la primera cita rompería el corazón a cualquier hombre, pero ya se conocían lo suficiente y Crucerito sabía que no se estaba refiriendo a la relación romántica que estaban empezando. Antes de contestar se tomó un momento en silencio para pensar una respuesta porque en el fondo tampoco tenía una que le convenciese del todo. Mientras tanto, en ese instante, miró al cielo encapotado que les estaba salpicando.

En los últimos días sus pronósticos del tiempo habían fallado estrepitosamente. Lluvia en día de sol, sol en días de lluvia, niebla en días despejados. En una semana casi no todos se equivocaron. Cintia se lo había reprochado y la explicación que le dio es que sólo se trataba de un margen de error que había que tolerar. Era imposible acertar en el 100 por 100 de los pronósticos. La estadística obligaba a soportar un cierto margen de fallo y es lo que estaba sucediendo. De forma muy casual, al suceder tantos días seguidos, pero estaba sucediendo.

Cintia no sabía nada de meteorología, simplemente leía los

guiones que preparaba Crucerito tras examinar los mapas y las tablas de datos, una maraña de número ininteligible para quien no fuese un experto para descifrarla.

- Admito que no estamos acertando con los pronósticos, pero seguimos dentro del margen de error. Las matemáticas están de nuestro lado. Es sólo una casualidad desafortunada. Eventos que no deberían volver a pasar hasta dentro de varios meses o años se han repetido varios días seguidos.

Entonces Cintia le contó cómo una anciana con mirada diabólica se había burlado de ella ofreciéndole un paraguas en la calle o el que le habían enviado en un sospechoso paquete que podría confundirse perfectamente con una bomba.

La noche se estaba enrareciendo. Una invisible capa de desconfianza los estaba envolviendo, como la niebla negra de la película. La intuición les decía que la cita ya no iba a acabar con un beso de despedida. Ambos se dijeron adios con un gesto y se separaron, yéndose cada uno a su respectiva casa. La cita se había estropeado por el tiempo. Hablar de meteorología lo había echado todo a perder.

Volverse a ver al día siguiente en el plató de televisión no resultó nada incómodo. A pesar de que la cita se torció recuperaron el buen humor como si la noche anterior, al salir del cine, no se hubiese distanciado.

Cintia estaría en el aire a las dos y media de la tarde para el parte meteorológico. Un cuarto de hora antes, mientras la maquillaban en un camerino, Crucerito entró con un largo papel enrollado. Interrumpió a la maquilladora, lo desenrolló y le señaló una ristra incomprensible de números.

- No entiendo nada. ¿Qué son estos números? -preguntó Cintia.

Crucerito temblaba.

- Vamos a cancelar la emisión. No podemos salir al aire con esto.

Nunca jamás había sucedido algo parecido. Nunca se había cancelado un parte del tiempo en su canal de televisión, era insólito.

- ¿Qué son esos números? -insitió Cintia.

- Un disparate: el sistema pronostica que va a nevar.

Afuera lucía el sol y se rondaban los 25 grados de temperatura. Crucerito ya no tenía ninguna duda de que no se trataba de ningún margen de error tolerable. Era imposible que nevase.

- - -

La noticia de que un vigilante forestal había encontrado una estación meteorológica totalmente destrozada en un pueblo de la costa no apareció en ningún medio de comunicación. A ningún periodista le interesó ese suceso que no parecía pasar de una gamberrada de adolescentes con demasiado tiempo libre con ganas de probar su libertad. La policía local revisó las cámaras del recinto y comprobó que había registrado el incidente. Captaba a un par de hombres tirándole piedras, pero los investigadores no encontraron ningún indicio útil para averiguar quiénes eran y tenían casos mucho más urgentes a los que dedicar su tiempo. Ningún teniente iba a dejar de lado un homicidio o un asalto a mano armada en un banco para dedicarse a descubrir quién y por qué había destrozado una estación meteorológica. El asunto quedó archivado sin más trámites el mismo día.

- - -

A juzgar por su aspecto, flaco, una frente amplia cubierta por un flequillo, rostro de facciones suaves con una mirada ingenua, camiseta de "Thunders", su banda de rock favorita, con unos vaqueros y unas zapatillas deportivas ya un tanto mugrosas, nadie le invitaría en el aeropuerto a pasar a una sala VIP. Las azafatas con las que se cruzó por la terminal ni siquiera le dedicaron la típica sonrisa automática aprendida en las sesiones de atención al cliente. Se diría que es un estudiante de vacaciones que vuelve a la casa de sus padres o el activista de una ONG escasa de fondos.

Muy pocos o ninguno después de verlo adivinaría que era el presidente ejecutivo y propietario de la mayoría de participaciones de Hi-Computer Co. No cotizaba en bolsa porque él no quiso, pero reunía los requisitos para codearse con las grandes en Wall Street. Tenía cuarenta años, aunque aparentaba todavía veinte. Atrás quedaron los tiempos en los que estudiaba ingeniería de sistemas en la Universidad. Poco después de sacar el título fundó la empresa y cinco años después facturaba miles de millones. Su especialidad: diseñar sistemas operativos para super ordenadores. Co no era la abreviatura de Company, sino de su nombre, Cody, Cody Spencer.

El guardia de la sala VIP lo miró de arriba abajo y desconfió cuando le enseñó su credencial que le permitía pasar. Incluso estuvo tentado a llamar a su supervisor. Cody se mostraba nervioso, a diferencia del resto de VIPS que entraban a la sala, arrogantes y seguros de si mismos, a quienes no les temblaba la voz. Al resto ni siquiera les pedía la credencial y los saludaba al pasar, pero a Cody lo detuvo para asegurarse de que no era un intruso.

Tras examinar la credencial finalmente lo dejó pasar y Cody

se acomodó en uno de los rincones más discretos, en una butaca de cuero en la que pidió un café muy cargado. Adicto al café, perdía la cuenta de las tazas que tomaba a lo largo del día. Sin cafeína le costaba pensar, era el empujón de energía que necesitaba para inspirarse.

No estaba acostumbrado a los aeropuertos. La mayor parte del tiempo las pasaba en su apartamento de lujo. Casi todo su trabajo lo desarrollaba delante de la pantalla de un ordenador. No había problema que no pudiera afrontar desde el ordenador de su salita de estar en su apartamento o al menos eso creía hasta que a las cinco de la madrugada recibió una llamada de un ejecutivo con acento oriental muy alarmado porque uno de los super ordenadores que había fabricado su compañía necesitaba una inspección presencial urgente.

La especialidad de Cody era el software, los sistemas operativos. Tenía conocimientos de ingeniería que le permitían construir una computadora, pero eso se lo había dejado a una factoría china que era la que fabricó el ordenador en el que se ejecutaba su sistema operativo diseñado a medida. El ejecutivo le rogó que se desplazara cuanto antes porque la situación era crítica. Después de colgar Cody no compró los billetes inmediatamente. Antes de hacerlo encendió el ordenador de su apartemento y conectó en sesión remota con el super ordenador que estaba dando problemas. Después de dos horas, tras una revisión a fondo de sus parámetros, se convenció de que el ejecutivo chino tenía razón y se agenció los billetes para el primer vuelo con destino hacia el lugar donde se enclavaba: el campus de una Universidad. Nunca antes había estado ahí, pero conocía de sobra ese super ordenador porque era el proyecto más importante para el que había desarrollado un sistema operativo. Una empresa china fabricó la máquina, pero funcionaba gracias a su software.

Su equipaje mientras tanto circulaba por una cinta donde lo había depositado junto al mostrador de facturación hacia el Boing 747 que lo llevaría en un vuelo de diez horas hacia el campus donde iba a inspeccionar el superordenador. Una maleta metálica de treinta kilos de peso con dos compartimentos separados. En uno contenía una caja con herramientas de alta precisión. No eran herramientas que se pudieran encontrar en una tienda de electrónica. Eran herramientas diseñadas y fabricadas a medida con tecnología láser. El otro compartimento alojaba un dispositivo que parecía de los años cuarenta, aunque era también de última tecnología. Un aparato con una pantalla que despedía una luz verde y un panel con diversas ruedas y palancas. Sin ese instrumental y ese aparato de nada serviría su presencia personal en el superordenador. Sin ese maletín no podría solucionar nada, sería un completo inútil incapaz de arreglar lo que fuese que se encontraría al llegar a sus instalaciones.

Cody no reservó ningún hotel. La empresa china puso a disposición una casa privada en el campus a pocos metros del super ordenador, un palacete que en la antigüedad alojaba a las autoridades que acudían a visitar la universidad. Bajo ese techo se habían alojado presidentes, embajadores y hasta un Papa. Ahora se convertiría en su cuartel general.

Las diez horas de vuelo transcurrieron muy rápido. El tiempo es relativo y ayudó bastante a que fluyeran tan deprisa a su asiento ergonómico aislado que permitía convertirlo en una confortable cama donde consiguió dormir.

Cody siempre intentaba buscar un sentido a los sueños que tenía. Nada más despertarse se esforzaba en recordar lo que había soñado para interpretarlo. Buscaba un por qué tanto a sus sueños más agradables como a las horribles pesadillas que a veces le hacían levantarse sobresaltado de la cama.

Soñó con su maletín. Que lo habían perdido en la facturación, por lo que el viaje resultaba inútil. El maletín estaba blindado y protegido por una combinación tanto física como digital. Y aun en el caso de que lograsen abrirlo hacían falta unos conocimientos muy especializados para utilizarlo, pero el miedo le invadió el cuerpo porque era consciente de que si ese maletín acababa en malas mano podría ser una auténtica arma de destrucción masiva capaz de provocar incalculables daños materiales y humanos. Su potencial destructivo si lo manejaban unas manos perversas superaba sin duda al de una bomba atómica.

El sueño que había tenido era tan claro que no necesitaba una interpretación, era un aviso claro. Por eso cuando el aeropuerto aterrizó y observó desde el Mercedes que lo recogió en pista que el chofer cargaba en el maletero su maletín sintió un enorme alivio.

Mientras el vehículo se desplazaba a toda velocidad hacia el campus se desperezó. Bostezó varias veces. Hasta ese momento no se dio cuenta de que se estaba jugando mucho más de lo que creía antes. Si el super ordenador que funcionaba con su sistema operativo fallaba su empresa pagaría caro las consecuencias. Conocía de primera mano los casos de otras compañías que de la noche a la mañana se habían hundido. Chicos como él, que les pedían la credencial en las salas VIP, que habían amasado una fortuna pero que de repente se habían visto en que volvían a ser pobres.

Aun así, no tenía miedo al fracaso. Conocía también casos de que chicos igualitos a él que después de hundirse habían logrado rehacerse y volver a prosperar más fuertes de lo que eran antes gracias a haber superado una experiencia dolorosa. El dinero va y viene, eso no le preocupaba siempre y cuando conservase su creatividad diseñando sistemas operativos, ese era su principal activo que valía miles de millones y por el que se había convertido en un rico. Algunos de esos arrogantes millonarios con los que coincidía en una sala VIP tenía una fortuna diminuta en comparación con la suya.

En torno a las cinco de la tarde el Mercedes se detuvo delante de su residencia en la Universidad, un hermoso palacete de estilo colonial rodeado con un jardín repleto de flores. Al salir le embriagó el aroma de las rosas. No hizo falta ni que tocara un timbre. Dos mayordomos uniformados le abrieron la puerta y le condujeron hacia la segunda planta donde se encontraba su dormitorio. Ahí reposó, recargando fuerzas del largo viaje, y no había pasado ni media hora cuando uno de los mayordomos le avisó de que bajase al salón principal porque le esperaban unos señores. El mayordomo no los identificó. Los llamó señores, dejando un halo de misterio, pero Cody sabía que eran los emisarios de la empresa china fabricante del ordenador que acudían a darle instrucciones para hacer su inspección sobre el terreno.

Sin cambiarse de ropa, todavía con sus vaqueros y su desenfadada camiseta rock, Cody bajó y se encontró en el salón a dos señores de rasgos orientales. No llevaban traje y corbata, pero iban vestidos de un modo muy elegante y formal para su cultura, con unas prendas que a la vista saltaban que eran muy caras, de esas que sólo se visten para las grandes ocasiones. Estaban de pie y ambos a la vez le clavaron su mirada mientras bajaba las escaleras.

En el suelo, sobre una alfombra muy mullida estaba depositado un maletín metálico similar al suyo, aunque más pequeño. Cuando uno de esos señores lo levantó dejó una marca en la alfombra.

La presentación fue muy rápida. Se identificaron como delegados especiales de la empresa china, ingenieros de informática. La cortesía no parecía importarle demasiado a ninguno de ellos. Cody notó que lo trataban de una manera condescendiente, a pesar de que en realidad ellos ocupaban un status inferior. Ellos no eran más que empleados de una empresa socia. Estaban tratando con el dueño de una compañía, pero se dirigían a él como si fuese un chico despistado en la escuela que necesita ayuda. A pesar de todo, esos modales no le molestaron.

Uno de ellos le ordenó que se sentara. Cody obedeció y se sentó en un sillón del salón.

- ¡Ahí no! - le reprendió uno de los chinos, que agarró una silla de madera y se la aproximó para que tomara asiento en ella, con una brusquedad más propia de un policía en un interrogatorio que de un ingeniero en una reunión técnica.

El otro chino mientras tanto sacó del maletín una especie de linterna conectado con un cable enrollado.

- Abre bien los ojos, todo lo que puedas -le ordenó el chino de aire policial.

Cody sintió como si le estuvieran hipnotizando. Por alguna razón obedecía sin rechistar todas sus órdenes sin saber por qué, aunque intuyó qué es lo que estaban haciendo.

Abrió a tope los ojos y el otro chino enfocó la linterna que sacó del maletín hacia ellos, deslumbrándolo. Esa linterna o lo que fuese emitía una potente luz naranja que le dejó cegado por unos segundos.

Aún no había recobrado la vista cuando el chino policial le mandó que se pusiera en pie. De nuevo, como si estuviese hipnotizado o bajo los efectos de un hechizo, Cody hizo lo que le ordenaban y se puso en pie, firme como un militar pasando revista. Entonces vio como la luz naranja de la linterna recorría su cuerpo de arriba abajo.

- Date la vuelta -volvió a ordenar.

Aunque no se lo habían explicado, Cody comprendió que estaban escaneando su cuerpo para poder acceder a las instalaciones del super ordenador. No era la primera vez que se sometía a una medición biométrica para obtener un pase de seguridad, pero las anteriores habían sido más delicadas que esta.

- - -

Llega un momento en el que no te planteas si eres clase alta porque no tienes ninguna duda de que lo eres por tu alto tren de vida. A ese punto había llegado Tomás, uno de los regentes del hotel, acomodado en una mansión con vistas hacia los Alpes. Una mansión recubierta de madera noble por dentro. Su dormitorio estaba presidido por una cama orientada hacia un espléndido ventanal que regalaba unas vistas hacia esas montañas que daban un vértigo combinado con una sensación de belleza estremecedores.

No tenía despertador. No le hacía falta. Su reloj biológico le despertaba automáticamente en cuanto los rayos del sol se adentraban por ese ventanal, a su lado de Stephanie, una rusa diez años más joven con la que había fundado una familia numerosa de cinco hijos. Tomás siempre presumía de su familia e incluso financió una fundación que promovía la natalidad: "no existe una vida perfecta sin hijos", ese era el lema de esta fundación que cada año recibía millones tanto de su matrimonio como de otras familias acomodadas vecinas con las que jugaba al golf los fines de semana.

Su esposa vivía por completo entregada a la familia. En cuanto se quedó embarazada de su primer hijo dejó su trabajo de contable para dedicarse a la maternidad.

El regente del hotel cuando tuvo la oportunidad de conocerla, un par de meses antes de la boda, compartió con el resto de sus hermanos, menos con Tomás, la impresión que le había dado.

- Esta mujer -dijo en confidencia el regente en un apartado donde Tomás no podía oírle- es demasiado complaciente. Y nadie es complaciente para siempre.

El regente dejó caer su comentario sin la intención de que llegara a oidos de Tomás, pero Davinia traicionó su confianza y le desveló lo que pensaba de su esposa cuando ya estaban casados. Davinia atribuía esa opinión a su hermano, aunque en realidad no difería de la suya. También pensaba que esa contable rusa era demasiado complaciente.

A Tomás no le afectó lo más mínimo ese comentario y menos viniendo de una hermana solterona que gastaba sus días viendo películas de cine clásico. No tenía experiencias románticas ni sobre relaciones de pareja. Su hermano Ricardo sabía mucho de explotar un hotel, pero en el amor era un completo ignorante. No le dio ninguna importancia a ese comentario. Ser complaciente incluso le parecía una ventaja, una prueba de que había elegido a la mujer adecuada para compartir su vida.

Al regente le sorprendió mucho una llamada de su hermano Tomás que recibió a las cuatro de la madrugada. Le había despertado, pero a Tomás no le pareció importarle.

- ¿Cuándo vas a hacer la transferencia? -preguntó impaciente.

La pregunta -pensó el regente desvelado por la impertinente llamada. Todos sus hermanos recibían a la vez y periódicamente su parte de beneficios, si es que los había, pero la siguiente vez no percibirían nada porque el hotel había entrado en pérdidas. El regente le informó. Tomás no parecía dar crédito a lo que le estaba contando, como si el hotel fuese una gallina de los huevos de oro que siempre tuviese que dar ganancias.

Al regente le asombró esa desesperación de su hermano. El dinero no debería importarle. Vivía en una mansión y hasta donde él sabía gozaba de una posición económica de lo más desahogada, rodeado de hijos, siendo un abanderado de las familias numerosas y de la perpetuación de la especie.

- Stephanie se ha ido con todos los críos. Quiere el divocio - anunció.

A Tomás le hirió hacer el anuncio del fracaso de su matrimonio y mientras agarraba el auricular del teléfono le vino a la mente aquella discusión en la que Davinia le reveló lo que pensaba el regente de su esposa, que era una mujer complaciente.

Si era complaciente desde luego que se había cansado de serlo.

- ¿Estás llevando bien el negocio? -preguntó Tomás.

La pregunta ofendió al regente y más viniendo de un hermano que nunca había mostrado el menor interés por la marcha del negocio, salvo ahora, cuando su matrimonio con una mujer rusa complaciente rendida a sus caprichos estaba naufragando.

- ¿Sabes lo que pasa cuando un cliente ve en la televisión que el día que piensa pasar alojado en el hotel va a llover?
Tomás guardo silencio. Su intenso nerviosismo se transmitía por la línea telefónica.

- Te lo diré: que cancela. Y da igual si al final hace un día espléndido. Cancela porque no quiere correr el riesgo. Ahora imagina que eso ha ocurrido durante varios fines de semana seguidos. Habitaciones vacías y menos facturación. Es muy fácil de entender. Siento lo de Stephanie. Siempre me pareció una mujer complaciente y eso no es bueno.

Poco antes de llamar Tomás se había enterado de que antes de pedirle el divorcio Stpehanie mantenía una relación con un monitor de gimnasio más joven que ella. La demanda de divorcio iba más allá de cualquier petición razonable y amenazaba con hundir su economía. Encima, ninguno de sus hijos le estaba apoyando. De forma progresiva y discreta Stephanie había logrado que todos y cada uno de sus cinco hijos le diesen la espalda y se pusieran incondicionalmente de lado de ella.

- Maldita zorra -profirió antes de colgar el teléfono sin despedirse.

- - -

Después de escanearlo de arriba a abajo con la linterna uno de los mayordomos de la residencia apareció con una prenda en una percha y se la extendió a Cody:

- Vístete ya, tenemos prisa -le apuró uno de los chinos con un tono todavía más autoritario que antes.

Ahí mismo, en el salón, Cody se enfundó el uniforme obligatorio para acceder a las instalaciones del super ordenador. Llevarlo puesto resultaba especialmente incómodo. Primero intentó ponérselo bajo la ropa que llevaba puesta, pero era tan ajustado que no podía cerrarlo, de modo que tuvo que quitarse el pantalón y la camiseta, que arrojó al suelo. Los chinos mientras tanto le miraban como un animal disecado. Después por fin logró ponerse la prenda, que se pegaba como una segunda piel con un tacto pegajoso. Cody confiaba en acostumbrarse al uniforme y que esa sensación tan incómoda pasara cuanto antes.

Los chinos no iban a acompañarle. En cuanto terminó de colocarse el uniforme se marcharon sin más ceremonia. Un furgón blindado le esperaba afuera. En realidad, Cody observó que el vehículo que le iba a trasladar era una mezcla grotesca entre un blindado de los que se usa para transportar el dinero y una ambulancia. El mayordomo le acompañó hasta la puerta trasera del furgón, completamente negro, sin ningún distintivo. Cody pasó adentro donde le acompañaba otra persona con el mismo uniforme.

- El viaje será muy corto -avisó.

Escuchar una voz femenina le sorprendió. El uniforme enmascaraba a quien lo llevaba puesto y supuso que era un hombre quien iba a bordo, pero se equivocó. Esas fueron las únicas palabras que le dirigió en todo el trayecto. En efecto, muy pronto, no habían pasado ni cinco minutos y el furgón se frenó en seco. Más uniformados abrieron la puerta del furgón y salió afuera. Se encontraba dentro de lo que parecía un enorme hangar iluminado por unos focos. Era un parking donde estaban estacionados otros furgones idénticos al que le había transportado.

- Bienvenido al super ordenador -saludó uno de esos uniformados que le se tomó la confianza de darle una palmada de ánimo en la espalda.

Rodeado de otros uniformados pasaron a un gran ascensor que subió muy rápido, tanto que debido al cambio brusco de altura se le taponaron los oídos y se sintió ligeramente mareado. La puerta del ascensor se abrió y llegaron a un arco de seguridad similar al de un aeropuerto. Donde un escáner exploró de nuevo su cuerpo de arriba abajo. El uniforme recubría todo su cuerpo, pero el escáner disponía de una tecnología que traspasaba la ropa. Un haz invisible estaba leyendo las facciones de su cara, sus ojos y el resto de sus rasgos biológicos para asegurarse de que era el mismo que había sido escaneado en la residencia por los chinos. Un intenso destello rojo confirmaba que había superado el examen de identidad.

La mayor parte de los uniformados con los que había subido en ascensor se retiraron y se quedó con dos de ellos que le llevaron por unos pasillos laberínticos hacia una espaciosa sala de control. Cody conocía el lugar porque lo había visto antes por fotografías que le enviaron los chinos cuando las instalaron. Era conocida como la zona cero del super ordenador. No era la zona más sensible, pero sí la más importante, desde donde se regía toda su maquinaria. En ese instante Cody empezó a agobiarse al darse cuenta de que no llevaba encima su maletín. La rudeza de los chinos y todos los preparativos le habían despistado. Casi le daba vergüenza atreverse a reconocer que su presencia no servía de nada porque se había olvidado el maletín, cuando de pronto apareció por detrás de él otro uniformado que cargaba ese maletín y se lo entregó. Un inmenso alivio le reconfortó.

La organización pensaba en todos los detalles. Cody siempre había sido despistado y estos olvidos eran frecuentes.

Cody se sentó junto a un panel con una repisa sobre la que depositó su maletín y lo abrió. A su lado se sentó otro uniformado que lo observaba atentamente y no dijo una sola palabra hasta que la pantalla del equipo que llevaba en su interior se encendió.

- Es un caos -lamentó.

- ¿Qué procesos está computando? -preguntó Cody.

Cody prefería la comunicación verbal a los documentos. Disponía de informes donde se detallaba cuáles eran las aplicaciones en las que se estaba empleando el ordenador, así como quien las contrataba e incluso las tarifas por cada terabyte.

- Ahora mismo la red de semáforos de la ciudad, pero no funciona. Los conductores ignoran los semáforos porque sus luces se han descoordinado. Después de formarse atascos kilométricos la policía ha tenido que hacerse cargo del control del tráfico. El alcalde está furioso.

Mientras escuchaba, Cody accedió a una pantalla que le monitorizaba los datos que se estaban computando en tiempo real para esa red de semáforos. Miles de semáforos que debían estar coordinados como un reloj suizo, pero que estaban fallando estrepitosamente.

- Vamos a hacer un test para comprobarlo -dijo Cody.

El maletín de Cody empezó a vibrar sobre la repisa. Su

dispositivo se estaba sincronizando con el super ordenador para ponerlo a prueba. Era una comunicación máquina a máquina, una prueba de fuego para detectar errores. Una gráfica de barras y líneas iba arrojando el resultado.

- No puede ser -se sorprendió Cody-.

- Explícate -rogó el uniformado sentado a su lado.

- El super ordenador no está computando. Sólo genera números aleatorios que aparentan coherencia, pero no responden a ninguna base matemática. Ahora mismo -sentenció-
es como la ruleta de un casino. ¿Qué más procesos computa?-indagó Cody.

Su acompañante se levantó para dirigirse a un archivador metálico del que sacó un portafolios y al regresar a su puesto lo abrió. El portafolios guardaba cientos de documentos con su respuesta. Leyó en diagonal:

- También está computando pronósticos meteorológicos y calculando resistencias.

- ¿Resistencias? -preguntó Cody.

- Resistencias de infraestructuras de ingeniería. Puentes y viaductos.

Cody tragó saliva. El super ordenador no estaba en condiciones de calcular nada. Usarlo para tomar decisiones era una locura. Más loco todavía si se trataba de cálculos de los que dependía la vida y la muerte de cientos de miles de personas. Aún estaba en su primer año de ingeniería cuando uno de sus profesores favoritos le dio un consejo que no había olvidado desde entonces. Aquel profesor, ya a punto de jubilarse, Roberto Bahía, lo citó a su despacho para comunicarle que había suspendido. Era una asignatura en la que se programaba un sistema. Cody diseñó uno capaz de encender y apagar las luces de una vivienda. El profesor le suspendió porque el sistema no había incluido interruptores analógicos para el caso de que dejara de funcionar y fuese necesario utilizar el método tradicional.

- Nunca, nunca, nunca confíes ciegamente en la informática -le advirtió-.

Aquel consejo le vino a la mente al comprobar que el super ordenador ya no era digno de confianza porque estaba errando sus cálculos, hasta los más sencillos.

Cuando una situación se volvía crítica, Cody usaba el sentido del humor como truco psicológico para afrontarla. Un truco que solía funcionarle.

- ¡Nos vamos de excursión! -anunció alegremente- Busca los mapas de la red de servidores. Vamos a explorarlos.

Las entrañas del ordenador se encontraban sepultadas bajo tierra, a cientos de metro de profundidad, muy por debajo de la sala de control. Ambos se adentraron en esas entrañas. El uniformado que lo acompañaba llevaba una tableta que mostraba el mapa de las instalaciones en formato digital, tanto a gran escala como microscópica para guiarse y reconocer hasta el más pequeño de sus componentes.

- ¿Cuál es tu teoría? -le preguntó el uniformado.

- Es raro que aún no sepa tu nombre -contestó Cody.

El uniformado le tendió la mano y se la estrecharon,

enfundada en los guantes del uniforme.

- Soy Juan Faro, el Rector de la Universidad.

- Mi teoría es que es un parásito.

- ¿Parásito?

- El alquiler del super ordenador vale millones. Muchos piratas informáticos o incluso servicios de inteligencia harían lo que fuese por poder utilizarlo sin tener que pasar por caja y creo que es lo que han hecho.

- ¿Quieres decir un virus?

- No exactamente. El parásito no pretende contagiarse, lo que busca es aprovecharse del sistema como una sanguijuela.

- ¿Pero quién querría una máquina que genera números aleatorios?

- Los genera para nosotros, no para quien está parasitando el super ordenador. Esos números aleatorios sólo son una tapadera.

Ambos se adentraron por las entrañas subterráneas del super ordenador, donde la temperatura siempre se mantenía baja. Al principio estaban tiritando, pero después de tres horas se aclimataron. Ya no pensaban en el frío sino en buscar una solución.

Cody examinaba un circuito en uno de los paneles cuando el Rector dio un manotazo. Pensó que se trataba de un tic y no le dio importancia, pero poco después volvió a hacer el mismo gesto.

- Sólo es una mosca -dijo el Rector, quitándole importancia.

Transcurrieron más de cinco horas sin que descubrieran nada relevante. Estaban rendidos y Cody se retiró hacia la residencia. Cuando llegó, ya avanzada la noche, temió volverse a encontrar a los ingenieros chinos, pero por fortuna sólo se encontraban los mayordomos. Cody se deshizo del incómodo uniforme, que tiró al suelo, y fue directo hacia su cama y quedó profundamente dormido, aunque dudo de si estaba despierto o dormido cuando al destaparse vio su cuerpo repleto de babosas que le estaban chupando la piel. Las babosas invadían todo su cuerpo desde los pies hasta el cuello. Desesperado se las fue despegando, hasta que de pronto se despertó. Era un sueño vivido, una pesadilla. Interpretarla era muy fácil, era un simple reflejo después de haber tenido la conversación con el Rector sobre su teoría acerca de cuál era el origen del caos en el super ordenador.

A las seis de la mañana, mientras amanecía, el mayordomo irrumpió en su dormitorio para avisarle de que los ingenieros chinos le estaban esperando. Ya sabía lo que significaba. Otra vez debía someterse a un escaneo.

El mismo furgón blanco le recogió para regresar al super ordenador, pero en esta ocasión no le acompañaba nadie. En el trayecto todavía le daba vueltas en la cabeza la espantosa imagen de su cuerpo recubierto de repugnantes babosas. Ahora el uniforme en cambio le molestaba menos que el día anterior en el que se lo puso por primera vez.

Su piel por fin se había acostumbrado a ese tacto tan particular de su tejido. De no ser porque en esta ocasión iba solo en el furgón hubiera tenido la sensación de que volvía a vivir el mismo día por segunda vez. El recorrido fue el mismo y paso a paso siguió el mismo procedimiento hasta que volvió a encontrarse con el Rector para reanudar la exploración de los circuitos.

En apariencia las placas no presentaban ninguna avería

física. Después de horas de exploración no había detectado en ellas ninguna anomalía digna de mención. Esta vez descendieron a la parte más profunda de todo el super ordenador, donde de hecho sería imposible respirar si no se hubiera instalado un complejo sistema de oxigenación. Una tenue luz fría cubría el complejo. La sensación que daba era la de ser una cueva más que las entrañas de un ordenador. En esta planta tan profunda pasados pocos minutos hasta se perdía la noción del tiempo y del espacio.

Cody y el Rector revisaban un circuito cuando de nuevo la imagen de las babobas le asaltó la mente. Era como si no pudiera quitársela de encima. Solía tener pesadillas, pero esta última le estaba traumatizando. Para estas situaciones también aplicaba un consejo que le dio Bahía, su profesor de primero de ingeniería. Un profesor que le había marcado a pesar de que desde que terminó la carrera había perdido todo contacto con él. Nunca vio referencias en la prensa ni oyó a nadie mencionar su nombre. No descargaba incluso que estuviera muerto, pero su recuerdo permanecía vivo como cuando era un estudiante novato de ingeniería.

- Engaña a tu mente -le aconsejaba Bahía. La mente es poderosa, pero muy fácil de engañar y funciona como una cadena de ideas. Las ideas nunca están solas, siempre se enlazan unas a otras. Para engañar a tu mente cambia esos eslabones. La cadena no la puedes romper nunca del todo, pero sí puedes cambiar esos eslabones que se enganchan unos a otros.

En esos instantes su mente estaba apresada en una cadena de imágenes de babosas, unas que se sucedían a otras. Aplicando el truco asoció la babosa a otra imagen con la que la asociaba en su memoria, que era la de pescar en un río. Cuando era niño disfrutaba pescando con su tío. Pasaban horas esperando a que picasen y charlando sobre cuál era el mejor cebo y el anzuelo más apropiado.

La asociación surtió efecto y esa imagen pescando con su tío empezó a tranquilizarle.

- Te noto distraído -observó el Rector, con una mezcla entre preocupación y reproche por su falta de atención.

El Rector tenía razón. Cody estaba distraído. Su mente no estaba enfocada en el circuito que tenía ante sus ojos, sino en el río al que iba a pescar con su tío en la infancia. Las palabras del Rector le sacaron de su ensimismamiento y a la vez volvió a romper la cadena de pensamientos. Esa sensación de calma que le transmitía el recuerdo del río desapareció. Esa imagen agradable del río fue sustituida por la de una mosca y por la del Rector dándose un manotazo.

La mente emite señales y Cody sabía reconocer cuándo emitía una de las que arrojan luz sobre un problema que está tratando de resolver.

- Estamos perdiendo el tiempo. Vamos a volver al panel de control. Convoca a todo el personal del super ordenador, todos, los quiero arriba.

En menos de media hora ya estaban todos en la sala del panel de control, rodeado por decenas de uniformados.

- ¿Es una broma? -preguntaron varios de ellos a la vez.

- A ver si lo he entendido bien -insistió uno de ellos-. ¿De verdad quieres que atrapemos una mosca?

- Una o varias, todas las que encontréis -contestó Cody con solemnidad.

Entre los uniformados repartieron unos recipientes de envasado al vacío para capturarlas. Estaba claro que no necesitaba que las capturasen con vida.

Los uniformados se limitaron a obedecer y se replegaron por todas las instalaciones para cumplir la orden. Parecían chiquillos de excursión por el campo.

Pasaron dos horas y ninguno de ellos fue capaz de capturar ninguna. Cody empezaba a desesperarse.

El Rector no comprendía por qué estaban buscando moscas por el super ordenador, pero intervino, ordenando de nuevo que todos los uniformados se congregaran en la sala del panel de control.

- Prestadme atención -recalcó el Rector-: el que atrape una sola mosca recibirá una recompensa en metálico de un cuarto de millón y vacaciones pagadas por un año.

El Rector había hecho cuentas. Cada día sin que el super ordenador funcionase correctamente generaba unas pérdidas millonarias para la Universidad. Ofrecer un cuarto de millón por contribuir a remediarlo no era para nada descabellado.

No pasaron ni diez minutos cuando uno de los uniformados se presentó con el recipiente, orgulloso de haber hecho una captura.

- Quiero mi recompensa -exigió.

- La tendrás, hoy mismo, te doy mi palabra -prometió el Rector.

- No hace falta que busquen más. Creo que con una muestra será suficiente.

El desánimo cundió por todas las instalaciones. Los empleados quedaron abatidos después de haber perdido la oportunidad de obtener esa misma recompensa. El Rector les ordenó que regresaran a sus puestos y se quedó a solas con Cody.

- Necesito un microscopio electrónico ya -pidió Cody.

- Tus deseos son órdenes. Bajemos una planta -respondió el Rector.

Abajo descendieron, Cody llevaba bajo el brazo el recipiente al vacío como si fuese un tesoro.

Cuidadosamente, abrió el recipiente y extrajo con unas pinzas su contenido para introducirlo en el microscopio. Al instante una pantalla mostró su imagen ampliada cientos de veces con una nitidez asombrosa. No se apreciaba sangre ni ningún tejido.

- Lo que me esperaba. No es una mosca -sentenció Cody satisfecho.

- - -

Desde que se hizo público en el canal de televisión que Cintia, la mujer del tiempo, iba a casarse con Sebastián Crucero, Crucerito, el meteorólogo, bajó de pronto el número de ramos que recibía de sus admiradores. Al saber que era una mujer comprometida la mayoría de ellos comprendieron que lo suyo era una causa perdida y se buscaron otro amor platónico. Cintia causalmente volvió a cruzarse en la calle con aquella anciana maliciosa que se burló por los fallos en el pronóstico del tiempo. Se la encontró en un banco con la mirada perdida. Ella no se dio cuenta de su presencia, pero Cintia sí y se acercó a ella:

- Váyase a casa, va a llover -le recomendó.

La anciana tardó unos instantes en reconocerla. Ya no tenía aquella mirada diabólica. La anciana le hizo un gesto de desdén con la mano y permaneció sentada en su banco sin hacerle caso. Cintia siguió su camino, sin preocuparse. Aquella anciana ya no le iba a bajar más la moral.

Unos minutos después unos nubarrones negros encapotaron el cielo y empezó a llover a cántaros. La anciana entonces se levantó del banco e intentó llegar lo más rápido a su casa, pero cuando alcanzó la puerta ya estaba empapada por completo.

- - -

El regente no volvió a sentir deseos de destrozar la estación meteorológica. El hotel alcanzaba un alto grado de ocupación y ya no era habitual que quedasen vacías habitaciones por clientes que a última hora cancelaban su reserva por un falso pronóstico de lluvia.

- - -

En la ciudad el tráfico volvió a circular con fluidez. Los atascos gigantescos habían desaparecido después de que la red de semáforos volviera a funcionar correctamente.

- - -

La esposa de uno de los operarios del super ordenador pensaba que su marido le estaba engañando o que había bebido más de la cuenta. No se creía que le hubieran entregado un cuarto de millón y vacaciones pagadas por cazar una simple mosca, pero no le hizo más preguntas. El dinero estaba ingresado en su cuenta y se irían una larga temporada a disfrutar del paisaje en las montañas.

- - -

Cody volvió a su rutina delante de la pantalla del ordenador. No echaba de menos las largas horas de exploración de circuitos y mucho menos el repugnante tacto viscoso del uniforme del super ordenador. La Universidad se había salvado de la quiebra. El alcalde había dejado de hacer amenazas y el Rector permanecía tranquilo en su cargo. El super ordenador volvía a funcionar a pleno rendimiento.

La empresa china que fabricó el super ordenador extremó todavía más las medidas de seguridad después de descubrir que la máquina había sido parasitada. Todavía no se conocía por quién, pero estaba demostrado que alguien había logrado usar su capacidad de computación sin pagar por ello, mientras los clientes se quedaban sin servicio. La Policía estaba investigando a fondo para tratar de averiguar quién fue el artífice de ese desvío de datos. De nada sirvieron los escaneos biométricos, todas las instalaciones habían sido cartografiadas micra a micra y controladas desde el exterior. Quién había sido era todavía una incógnita o tal vez no se supiera nunca. Esos mapas del super ordenador no habían sido generados por ningún espía. Todos los empleados fueron investigados a fondo, incluso el mismo Cody estuvo en la lista de sospechosos, descartándolos por completo. No fueron ellos. El interior del ordenador había sido cartografiado mediante drones con un sensor láser. La policía había logrado requisar todos esos drones, que todavía estaban siendo analizados en un laboratorio.

En uno de los interrogatorios a Cody el policía le preguntó por ellos:

- ¿Entonces no eran moscas?

- No, imposible. Ya me extrañaba. Ninguna mosca sobreviviría con las condiciones de baja temperatura. examinamos el cuerpo al microscopio no tenía ni sangre ni tejidos. No era un ser vivo -contestó Cody, nervioso al saber que la policía sospechaba de él pese a haber sido quien dio con la clave para que el super ordenador volviese a funcionar.

- ¿Y qué es lo que eran esos bichos que revoloteaban por el interior del Super ordenador?

- Drones. Eran drones en miniatura que registraban con luz láser las instalaciones del super ordenador para parasitarlo.

Cody decía la verdad, pero el policía no terminaba de creérselo. No podía ser cierto.

FIN

SOBRE ALICIA COFRES

Pensar, pensar y pensar. Alicia Cofres (1980) es de esas personas que disfrutan reflexionando y fruto de ese entusiasmo al enlazar pensamientos aparece esta guía contra la soledad, que la compuso a partir de su ejercicio mental y sus experiencias prácticas. Como profesional, combina dos facetas, la de periodista con la de jurista, después de titulare tanto en Periodismo como en Derecho, con un máster de abogacía. Trabajó como redactora, con especial dedicación a la crónica política, en un periódico local, hasta que de repente cerró y entonces potenció más su perfil jurídico, pasando a prestar servicios en tribunales de lo criminal.

Antes de esta guía publicó otro libro inspiracional, *Autoayuda para escribir,* en el que reflexiona sobre el oficio literario y baja del pedestal a los escritores. Alicia Cofres huye de la idealización de los escritores. Escribir no debe ser un privilegio para una élite. Ella sostiene que cada persona alberga dentro de sí un libro fenomenal y no hace falta ser alguien excepcional para sacarlo afuera y compartirlo con los lectores. Y antes todavía publicó *Entrena tu sexto sentido,* su mayor éxito editorial hasta la fecha, en el que propone un estilo de vida basado en aceptarse a una misma, enfocarse en el presente y divertirse, potenciando la intuición. Libro que ha despertado interés fuera de España, tanto en México como en Estados Unidos.

Alicia Cofres se define como una escritora todo-terreno que se atreve con diversos géneros literarios, sin encasillarse en ninguno, atreviéndose a manejar diferentes formatos. Su repertorio incluye títulos como *Vacío de poder,* un thriller; *Aquella carta tan íntima,* una novela policíaca y romántica; *Futboléctrico*

Sci-fi, un relato deportivo de ciencia ficción o *Brain Chip* y *Hasta que nació cero, relatos de fantasía médica, entre otras obras.* También compuso una guía para hacer frente a la soledad titulada *¿Por qué te sientes sola?*

Además de escribir, es editora y ha fundado el portal de internet www.clickteratura.com para ayudar a otros escritores a promocionarse, una web que le permite conocer a otros autores y difundir sus obras, como si fuese un escaparate. Clickteratura es además el sello bajo el que publica sus obras.